歐莉和她的家人

大家好，我是歐莉，讓我帶你們認識石器時代。

歐莉

歐莉對每一件事都感到很好奇。她通常跟她養的狼「小骨頭」在一起。她和家人與其他族人一起住在洞穴裡。

阿波

歐莉的父親，是很厲害的漁夫，常跟附近其他部落的人以物易物。

赫拉

歐莉的母親，她是族裡最厲害的獵人。

烏可

歐莉的爺爺，是家裡最年長的人。他很會製作石器，是石器專家。

威利

歐莉的弟弟，很調皮。他喜歡採集能吃的植物和莓果。

奧索

歐莉的叔叔，很擅長追蹤動物。族人現在居住的洞穴是他發現的。

蘇維

歐莉和威利的表姊。威利有時會惹她生氣，但他們還是每天開心的去採集食物。

圖麗

圖麗是赫拉的妹妹，歐莉的阿姨。她是巫師，也是治療師，負責照顧族人的健康。

伊爾塔和艾諾

伊爾塔是奧索的妹妹，很會製作工具，也是厲害的音樂家。艾諾是奧索的弟弟，為族人縫製了很多衣服。

24小時大發現
回到石器時代

作者／藍・庫克（Lan Cook）

繪者／洛朗・克林（Laurent Kling）

翻譯／江坤山

設計／羅素・龐特（Russell Punter）

編輯／露絲・布洛克赫斯特（Ruth Brocklehurst）

顧問／詹姆斯・迪利博士（Dr. James Dilley）
迪利博士是實驗考古學家，常在博物館和電視上展示古代工藝。
他也製作古物的複製品，作品展示於大英博物館、巨石陣和其他許多博物館。

遠流

想透過網站和影片深入了解石器時代的生活嗎？
請前往網址：usborne.com/Quicklinks，
在搜尋欄裡輸入「24 Hours In the Stone Age」就能找到。

網站裡蒐集了很多活動，雖然是英文的，
但可以請人幫忙說明和列印，
可進行的活動如：
- ‧ 把「石器時代冒險遊戲」印出來玩。
- ‧ 觀賞影片，學習如何升火。
- ‧ 了解如何分辨石頭和石器。
- ‧ 回答問題，看自己能不能在石器時代生存下來。
- ‧ 檢視長毛猛獁象牙的立體模樣。
- ‧ 探索黑暗的洞穴。
- ‧ 認識石器時代的燧石礦工，了解他們的日常生活。

請遵守上網安全規則，找大人陪同。
出版商不對外部連結網站的內容負責。

目　錄

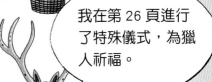

到第 16 頁看看我們在野外找到的美食。

我在第 26 頁進行了特殊儀式，為獵人祈福。

不要錯過我詳細的石器製作教學喔！從第 40 頁開始。

現在，
讓我們回到石器時代，
這是一萬八千年前的歐洲。

太陽在地平線上露臉。
鳥兒開始歌唱，
迎來嶄新的一天。

一切是如此寧靜……

啾！
啾！

呼……

直到……

呼……
……呼！

呼…

這不是普通的洞穴。這是石器時代人類的家。

甜蜜的家

我們的洞穴住起來很棒，因為……

這裡離河流很近，取水或捕魚都很方便。

附近有很多動物，可以獵捕來當做食物。

還有很多能吃的植物。

洞穴還能幫我們抵擋惡劣的天氣。

我們以前不住這裡，是叔叔奧索在幾年前的夏天，追蹤馴鹿的腳印時，發現這個洞穴的。

搬進來之前，我們還以為它是空的，結果不是。

火和矛可以把熊嚇跑。

咻！
走開！

走！你這隻熊！

每個人都裝出很可怕的樣子，盡量讓自己看起來很巨大。

並ㄅㄧㄥˋ不ㄅㄨˋ是ㄕˋ人ㄖㄣˊ人ㄖㄣˊ都ㄉㄡ這ㄓㄜˋ麼ㄇㄜ幸ㄒㄧㄥˋ運ㄩㄣˋ，能ㄋㄥˊ有ㄧㄡˇ洞ㄉㄨㄥˋ穴ㄒㄩㄝˋ可ㄎㄜˇ住ㄓㄨˋ。有ㄧㄡˇ些ㄒㄧㄝ人ㄖㄣˊ的ㄉㄜ家ㄐㄧㄚ就ㄐㄧㄡˋ不ㄅㄨˋ是ㄕˋ這ㄓㄜˋ麼ㄇㄜ耐ㄋㄞˋ用ㄩㄥˋ。

獸ㄕㄡˋ皮ㄆㄧˊ帳ㄓㄤˋ篷ㄆㄥˊ

把ㄅㄚˇ一ㄧ層ㄘㄥˊ層ㄘㄥˊ的ㄉㄜ獸ㄕㄡˋ皮ㄆㄧˊ攤ㄊㄢ開ㄎㄞ，鋪ㄆㄨ在ㄗㄞˋ木ㄇㄨˋ架ㄐㄧㄚˋ上ㄕㄤˋ。

上ㄕㄤˋ方ㄈㄤ的ㄉㄜ獸ㄕㄡˋ皮ㄆㄧˊ要ㄧㄠˋ交ㄐㄧㄠ錯ㄘㄨㄛˋ疊ㄉㄧㄝˊ在ㄗㄞˋ下ㄒㄧㄚˋ方ㄈㄤ獸ㄕㄡˋ皮ㄆㄧˊ的ㄉㄜ上ㄕㄤˋ面ㄇㄧㄢˋ，才ㄘㄞˊ能ㄋㄥˊ讓ㄖㄤˋ雨ㄩˇ水ㄕㄨㄟˇ往ㄨㄤˇ下ㄒㄧㄚˋ流ㄌㄧㄡˊ走ㄗㄡˇ。

草ㄘㄠˇ屋ㄨ

利ㄌㄧˋ用ㄩㄥˋ大ㄉㄚˋ捆ㄎㄨㄣˇ的ㄉㄜ乾ㄍㄢ草ㄘㄠˇ或ㄏㄨㄛˋ蘆ㄌㄨˊ葦ㄨㄟˇ細ㄒㄧˋ心ㄒㄧㄣ鋪ㄆㄨ成ㄔㄥˊ的ㄉㄜ房ㄈㄤˊ子ㄗˇ能ㄋㄥˊ夠ㄍㄡˋ保ㄅㄠˇ暖ㄋㄨㄢˇ，即ㄐㄧˊ使ㄕˇ到ㄉㄠˋ了ㄌㄜ冬ㄉㄨㄥ天ㄊㄧㄢ仍ㄖㄥˊ然ㄖㄢˊ很ㄏㄣˇ溫ㄨㄣ暖ㄋㄨㄢˇ。

爺ㄧㄝˊ爺ㄧㄝˊ說ㄕㄨㄛ，住ㄓㄨˋ在ㄗㄞˋ遠ㄩㄢˇ方ㄈㄤ的ㄉㄜ人ㄖㄣˊ們ㄇㄣ甚ㄕㄣˋ至ㄓˋ會ㄏㄨㄟˋ用ㄩㄥˋ猛ㄇㄥˇ獁ㄇㄚˇ象ㄒㄧㄤˋ骨ㄍㄨˇ打ㄉㄚˇ造ㄗㄠˋ帳ㄓㄤˋ篷ㄆㄥˊ！

猛ㄇㄥˇ獁ㄇㄚˇ象ㄒㄧㄤˋ骨ㄍㄨˇ屋ㄨ

猛ㄇㄥˇ獁ㄇㄚˇ象ㄒㄧㄤˋ皮ㄆㄧˊ

猛ㄇㄥˇ獁ㄇㄚˇ象ㄒㄧㄤˋ牙ㄧㄚˊ

歐莉，該工作嘍！來做新的捕魚陷阱。

這是昨天採的柳藤。

欧莉的爸爸很會捕魚

先把五根最粗的柳藤插在地上。

柳藤很強韌，適合用來編織。

然後把較細的柳藤編織上去嗎？

沒錯！

兩位早！

我出去偵察，看附近有什麼動物，等會兒可以去打獵。

奧索叔叔很會追蹤動物

好，等會兒見！

嗨！小骨頭！

小骨頭是一匹狼， 但別擔心， 牠很乖。
我們在小骨頭很小時撿到牠， 牠和我們一起生活很久了。

牠原本孤伶伶的，
而且很野。

我們拿剩飯餵牠， 牠就慢慢
變乖了， 而且愈來愈溫馴。

我們到河邊
去吧， 我先去
拿捕魚工具。

歐莉！ 你今
天要跟我們去
採莓果嗎？

今天不行。
我要跟爸爸一
起去捕魚。

蘇維表姊

歐莉的弟弟
威利

歐莉，準備去河邊了嗎？

我帶了一些肉乾可以在路上吃。拿去吧！

魚叉

裝魚的籃子

還記得我跟你說過，哪裡最適合架設捕魚陷阱嗎？

爸爸我記得，是又淺又窄的河段。

早晨7點

這裡很適合。我們先去撿大石頭，還要找兩根堅硬的木棍。

接下來呢？

在河裡仔細堆好石頭。

河水流往這個方向

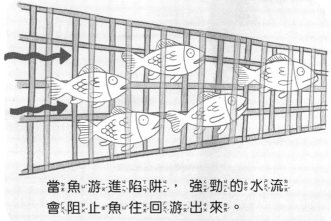

當魚游進陷阱，強勁的水流會阻止魚往回游出來。

把木棍插進河床，用皮繩把陷阱綁在木棍上。

很好！我們之後再來檢查，現在……

鱒魚

牛肝蕈

蘇維和威利的採集指南

採集是指到野外蒐集食物。

蘿蔔

一年四季都找得到，
外皮很硬，要削皮。

野蒜

葉子和花都可以吃，
嫩葉尤其美味！

野防風

經歷冬天的霜凍
之後，吃起來特
別甜。

酸模葉

有點酸，無論生食
或煮熟都好吃！

牛蒡根

吃起來又脆又
美味，也可以
用來煮飲料。

蒲公英

從花到根都能
吃，但最常吃
它的葉子。

蕁麻葉

香蒲的嫩芽

很嫩，還有淡
淡的青草味，
烤過之後有堅
果香。

我知道你在
想什麼，但蕁
麻煮熟後，刺
就不見了。

黑莓

有刺，採集時
要小心！

栗子

火烤之前先劃開表
皮，不然會爆炸！

接骨木莓

煮過才能吃，否則
會生病！也能煮成
好喝的飲料。

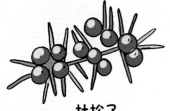

杜松子

味道強烈，很適合
搭配肉類一起吃。

松子

把松果剝開搖一搖就
能取出，烤過之後特
別美味。

山楂果

整個冬天都能
採到果實。

黑刺李果

植物上的刺像針一樣
尖，漿果非常酸。

野梨

從樹上掉下來的果
實最甜、最好吃。

玫瑰果

乾燥後保存起來，可
供整個冬天食用。

酸蘋果

非常酸，吃
到後很難不
做鬼臉。

我們在固定的地方升火，那裡叫爐床。升火需要一些簡單的工具。

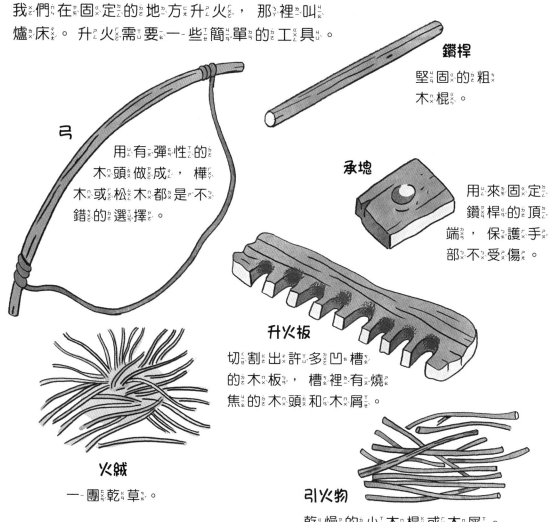

鑽桿

堅固的粗木棍。

弓

用有彈性的木頭做成，樺木或松木都是不錯的選擇。

承塊

用來固定鑽桿的頂端，保護手部不受傷。

升火板

切割出許多凹槽的木板，槽裡有燒焦的木頭和木屑。

火絨

一團乾草。

引火物

乾燥的小木棍或木屑。

我們這樣升火

首先，把鑽桿的一端放進升火板的凹槽裡面，然後把弓上的弦繞在鑽桿上。

利用承塊讓鑽桿保持直立，並且保護你的手。

腳踩在升火板上，讓它不會亂動。

來回拉弓，讓鑽桿旋轉。當速度愈來愈快，凹槽裡會因為摩擦而累積木屑。

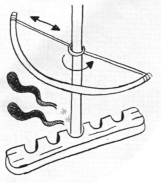

木屑開始變熱、變紅，並且冒煙。

這時，小心的把火紅的木屑，也就是火炭，放進火絨裡，朝它吹氣。

火炭和火絨會開始冒出大量的煙。

等火焰出現，立刻把火絨放到爐床……

添加引火物，讓火燒得旺一點……

慢慢加進大塊的木頭，火會愈燒愈旺，變得明亮且霹啪作響！

> 謝謝歐莉！你採到的野蒜已經塞進魚肚裡了，現在把魚叉起來烤吧！

> 叉魚的棍子要保持在火焰上方，才不會燒焦。

火不只可以煮東西，還可以……

取暖

這裡的冬天很冷，有些地方甚至終年下雪。沒有溫暖舒適的火堆，沒辦法生存太久。

照明

黑暗中很難看清楚。有火把照明，才可能在晚上打獵，或找到躲藏的地方。

提供保護

火可以保護我們不受熊、鬣狗和狼等危險動物的攻擊，因為牠們怕火。

獅子抓到獵物後可能會離開，但我們還是得特別小心。

媽，蘇維和我還是可以去打獵吧？

你們是第一次打獵，野牛太危險。抱歉，歐莉。

但牠們只是一大團皮毛！

那團皮毛幾乎有你的兩倍高，還長了銳利的大牛角。

當野牛遇到人類

野牛乖，我們來當好朋友？

！

你們可以在旁邊看，幫忙完成打獵的計畫。

好的！謝謝媽媽！

我們兩個都帶著矛吧！

好，那裡可能有獅子呢！

矛

矛頭用燧石製成。

用繩索和一種叫做「樺焦油」的黑色黏稠物質固定。

樺木或松木

搭配擲矛器使用的矛會加裝羽毛，方便在空中飛行。

擲矛器

做成鉤狀或杯狀，用來托住並發射矛。

擲矛器的作用像槓桿，能讓矛飛得更快、更遠。

有些擲矛器上雕刻著漂亮的動物。

擲矛器的使用方法在第 36 頁

巫師的裝扮

鹿角頭飾

臉上用紅土和木炭做成的顏料畫出圖案。

野豬獠牙

老鷹羽毛

野豬獠牙做成的護胸甲。

用圖案和雕刻裝飾的權杖。

骨珠

鹿皮手鼓

動物雕刻，又稱為圖騰。

小袋子裡裝有藥草。巫師也是治療師。

早上 11 點，在洞穴的某個特別地點，祈福儀式開始了……

這個儀式是為了祈求平安好運，祝我們打獵成功。

洞穴壁畫

骨笛

啪！

啪！

牛吼器是木頭或骨頭做的扁長形樂器。

旋轉時會發出低沉的嗡嗡聲。

嗡！嗡！

砰！

野牛頭骨

野牛圖騰

啪！

早上 11 點 30 分，儀式結束之後……

要出發了嗎？可不要讓獵物給跑了。

爸，我們要去哪裡？

去下一個山谷。

奧索叔叔，你怎麼知道去哪裡找動物？

動物每到一個地方都會留下痕跡。像右邊這些就是我在找的東西……

腳印

馴鹿

根據腳印的大小和形狀可以判斷動物的種類。

草原野牛

腳印愈新鮮，邊緣愈清楚、鮮明。

這裡剛剛有一群動物經過。

獸徑

動物穿過森林和草地時會留下路徑。

也可尋找動物咬過的植物、踏平的草地、折斷的樹枝，以及附著在樹皮上的皮毛。

糞便

不同動物的糞便大小和形狀也不同。

如果糞便很新鮮，代表動物可能還在附近。

深色的細長小顆粒，這一定是馴鹿的。

你們看！

這是剛說的獅子腳印嗎？

沒錯！所以追蹤技巧很重要，因為野外有很多危險的動物……

奧索的石器時代危險動物指南

洞熊

大多草食，但受到威脅還是會發動攻擊。

熊掌比你的頭還要大。

用後腳站立時，身高是人類的兩倍。

腳印

後腳

前腳

洞鬣狗

有能力獵食很大隻的動物。

腳印

一有機會就會占領你的洞穴，也會偷走你辛苦得來的獵物。

洞獅

只要看到一隻，就代表附近還有很多隻。會躲起來突襲獵物。

這些動物都好喜歡洞穴！

腳印

洞狼

會跟洞鬣狗搶洞穴。而且據說會吃洞熊。

腳印

披毛犀

脾氣暴躁，具攻擊性。

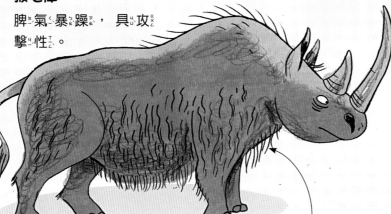

頭上的角很大很銳利。

腳印

厚毛皮，足夠製作一家人的衣服。

長毛猛獁象

巨大的象牙

披毛犀和猛獁象沒有銳利的牙或爪子，但受驚嚇或生氣時也非常危險。

腳印

小心！注意那裡的……

石頭……

啪答！

啊！棕色、臭的、而且黏糊糊。我的追蹤技巧告訴我，這是野牛糞。

!?

呼！

呼！

咚！

咚！

咚！

好噁心喔……

瞄準那頭馴鹿。

快使用擲矛器！

啊！啊！啊！

歐莉，怎麼了？

抓到馴鹿了！

歐莉！

我辦到了！

我抓到野牛了！

要告訴她是你抓到的嗎？

噓！不要吧！你看她多開心！

糟糕，矛斷了……

沒關係。你沒受傷就好。

矛的木頭很難找，必須又硬又直。

做得好，歐莉！這頭野牛加上馴鹿，夠我們吃上好幾個月了！

野牛與馴鹿的用途

肉

所有的肉和部分內臟都能食用。把肉風乾、煙燻或埋在土裡，能保存得比較久，留到之後再吃。

獸皮

可用來製作衣服、鞋子、袋子、帳篷、寢具和鼓皮。

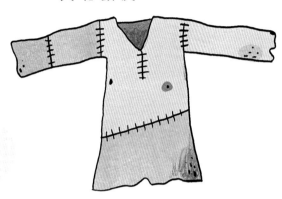

腱

纖維狀的肌腱可當成縫補用的線。

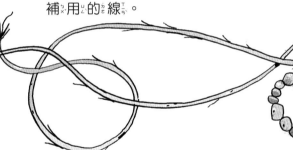

骨頭

用途很廣，例如製成針、工具、珠子。

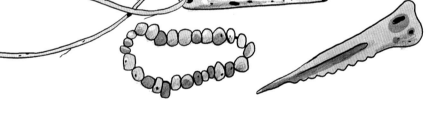

鹿角

可做成雕琢石頭用的工具，讓武器變得更鋒利，也可以做成魚叉的頭，或雕刻成裝飾品。

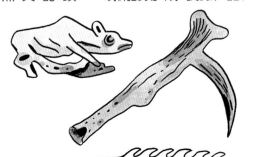

蹄

煮爛後可當成膠水使用。

胃

可做成水袋，或當成煮東西用的鍋子。

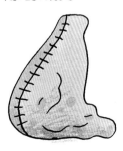

烏可的燧石打造工具組

你可以把燧石打造成想要的形狀。

燧石

這種石頭可以裂解出光滑、帶有尖銳邊緣的石片。

石錘

圓滑的石頭可當成錘子，從大塊的燧石上敲下石片。

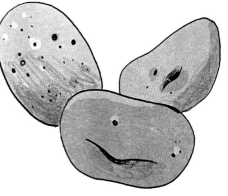

軟錘

用鹿角或獸骨製成。

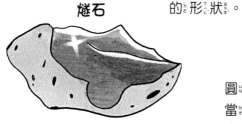

可從燧石上敲下很薄的石片。

加壓剝離器

利用鹿角的尖端做成，可去除小塊的燧石，讓石片的邊緣變得非常鋒利。

由上往下，
用石錘敲打石頭
的側面。

首先，
拿起石錘和
你要敲打的
燧石……

這樣做可以從
燧石上敲下大
塊的石片。

再用這些石
片來製作切
割工具。

很好，你是
天生好手！

繼續敲，
把石片中間敲
薄、敲平。

飛散的石片可能很
銳利，不過獸皮做
的衣服能保護你不
被割傷。

喀！
喀！
喀！
鏘！
啪！

大致敲出想要的形狀之後，可以改用軟錘，敲下比較細長的碎片。

這會讓邊緣變鋒利，對嗎？

沒錯！

最後，使用另一塊鹿角，用尖端的部位沿著矛頭的邊緣小心打磨。

你看！細小的碎片掉下來了，這樣會留下非常鋒利的邊緣。

啪啦
啪啦

歐莉，做得很好。現在用皮繩和樺焦油把矛頭固定在木柄上。

我在木柄的頂端切了開口，你把皮繩塞進去，然後小心的浸到焦油裡。

樺焦油又燙又黏。千萬不要摸！

把矛頭塞到開口裡面，用皮繩把它綁在木柄上。

用木棍沾更多焦油塗在皮繩上。等焦油變硬就完成了！

好棒！我做了一支矛！

轉動矛讓焦油變乾並平均分布，而且不滴落。

其他石器

刮板

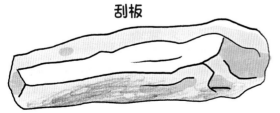

在製作皮革或毛皮時，能用來移除獸皮上的毛和肉屑。

石刃

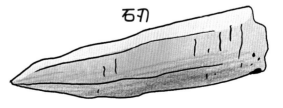

有各種不同的用途，例如把鹿角和骨頭刻成其他工具。

我們花很多時間找食物，不過一旦找到，就有空間製作各種東西了。

歐莉，這些野牛牙齒可以做珠子。

工具借你。我要用這根骨頭做新笛子。

謝謝！伊-爾-塔。

伊爾塔的雕刻工具組

雕刻刀

這些石器有不同的形狀，能用來刮削或雕刻骨頭、鹿角和木頭。

鑽孔器

你可以利用它在骨頭、鹿角、木頭和皮革上鑽孔。

這好花時間。

這些東西需要時間和耐心。

我終於刻好雕像了，你們覺得怎麼樣？

轉！

刮！

好漂亮喔！圖麗阿姨，你花了多少時間才做好？

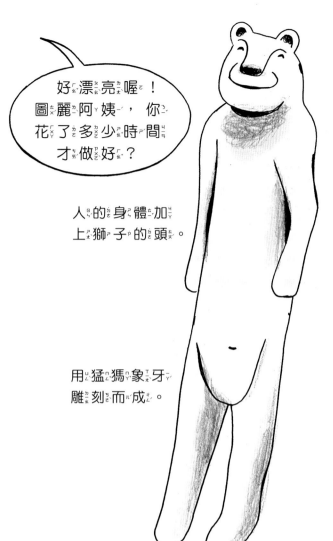

人的身體加上獅子的頭。

用猛獁象牙雕刻而成。

冬天快結束時，我就開始每天做了。

我們把它跟其他珍貴的東西放在一起。

再到岩壁上畫野牛，紀念你第一次打獵成功。

真的嗎？我去拿油燈。

到第 49 頁找油燈

圖麗的洞穴壁畫指南

繪畫工具

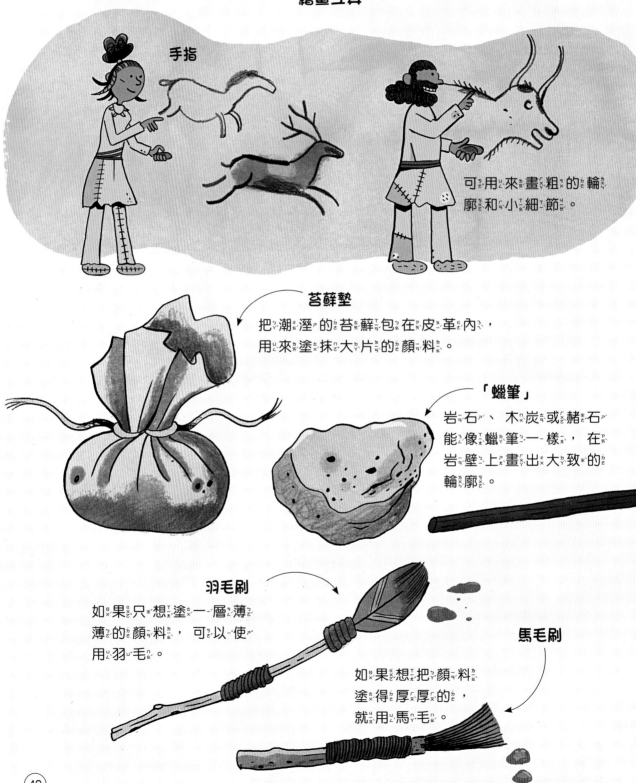

手指

可用來畫粗的輪廓和小細節。

苔蘚墊
把潮溼的苔蘚包在皮革內，用來塗抹大片的顏料。

「蠟筆」
岩石、木炭或赭石能像蠟筆一樣，在岩壁上畫出大致的輪廓。

羽毛刷
如果只想塗一層薄薄的顏料，可以使用羽毛。

馬毛刷
如果想把顏料塗得厚厚的，就用馬毛。

我會把木炭和赭石磨成粉，再用水或動物油脂混合成顏料。

顏料

木炭

燒過的木頭，用來畫黑色。

赭石

多半是紅黃色、棕色，有時是紫色和白色。

貝殼

用來裝粉末。

油燈

通常是用砂岩做成，挖出的半圓形凹槽裡可裝入燃料。

刻出來的把手

我們在洞穴很暗的地方作畫，需要油燈照明。

燃料是動物油脂。燈芯用杜松、苔蘚或地衣做成。

洞穴壁畫的簡單三步驟

1. 畫出輪廓

畫壁畫很花時間。首先，畫出大概的輪廓。

我先用木炭幫你打草稿，你再用手指沾黑色顏料描出輪廓。

2. 填上顏色

利用苔蘚墊把野牛身體塗滿紅色顏料。

3. 最後的修飾

然後加上眼睛、鼻子等細節，再多畫一些陰影，讓身體更有立體感。

還剩下一些紅色顏料，要怎麼處理呢？

我們來蓋手印吧！

先在手掌上塗滿紅色顏料。

像這樣把手掌印到岩壁上嗎？

對！你的手印和其他人的一起印在牆上了。

圖麗阿姨，這種手印又是怎麼印的？

先把顏料吸進這根中空的骨頭裡，小心不要吞下去。

接著把手掌貼在岩壁上。吹氣！

呼！

好了！我要把手拿開嘍……

完成！

計算時間

為了要記錄時間，我們每天晚上都會觀察月亮在天上的形狀和位置的變化。

一開始是細細的新月……
慢慢變得又大又圓……

然後……
又變細了。

月亮的這種週期變化每一次是 29 天，一年重複 12 次。

有些人會在獸骨上雕刻凹痕，記錄日子。

29 個凹痕代表 29 天，是月亮一次週期變化的時間。

石器時代的人也會利用這樣的骨頭和木頭，計算其他事物。

我們每天晚上會睡兩次。天黑後先睡一下。

到了半夜，再起床活動。

在回去睡覺之前，我們會花時間……

訂定計畫……

製作物品……

雕刻

用植物做繩索

轉！

轉！

最棒的是……

野生動物有時會找洞穴躲藏和休息。

清晨 5 點

太陽在地平線上露臉，迎來嶄新的一天。
鳥兒開始歌唱。
一切是如此寧靜……

石器時代的寶物

世界各地石器時代的人留下很多精采作品，讓我們更了解當時人類的生活。

雕刻品

形狀像貓頭鷹的玉雕，發現於中國。

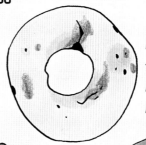

鴕鳥蛋做成的珠子，發現於坦尚尼亞的羅揚加拉尼河谷。

黑曜岩做成的箭頭，發現於美國新墨西哥州。

用袋貓的指骨做成的垂飾，發現於印尼的蘇拉威西。

來自蘇格蘭的石球，雕工精細，製作一顆的時間可能超過一年。

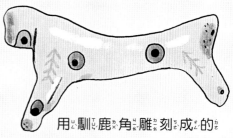

用馴鹿角雕刻成的洞獅，來自法國伊斯圖里茲。

雕刻成刺蝟形狀的石印章，來自敘利亞或伊拉克。

岩石和洞穴藝術

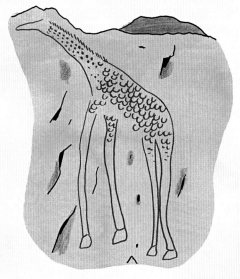

這隻袋鼠連骨頭和肌肉都畫出來了，這叫Ｘ光透視法。這幅壁畫位在澳洲北部的安恆地。

手洞裡的手印，位在阿根廷的聖克魯茲。

真實大小的長頸鹿壁畫，刻在尼日泰內雷沙漠的砂岩上。

史前巨石

世界各地都有大型的石器時代遺跡，由巨大的岩石構成。有些設計成墓地，有些是聚會場所。岩石的排列方式常跟太陽或月亮對齊。

位在韓國的這種巨石稱為支石墓，是一種墓碑。

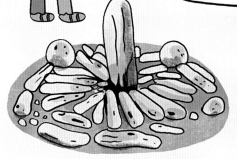

日本秋田縣的環狀列石，形狀類似日晷。

英國威爾特郡的巨石陣，最早的用途可能是墓地。

名詞解釋

這裡解釋書中的一些專有名詞。按筆畫順序排列。

火炭： 一小塊火熱發紅的木頭或煤炭。

以物易物： 以某些東西交換其他東西，如食物或工具。

打造燧石： 敲擊燧石打造工具的過程。

石器時代： 人類使用石器的年代。

巫師： 精神領袖和治療師，能用草藥治病，也稱薩滿。

追蹤： 靠著動物留下的蹤跡來尋找牠們，例如腳印。

偵察： 前往某個地方進行調查，蒐集資訊。

偽裝： 讓自己融入環境、不被發現的方式。

採集： 在大自然裡尋找和蒐集自然生長出來的食物。

魚叉： 用來捕魚的一種矛。

裝飾品： 用來裝飾的東西，例如人偶、雕像。

圖騰： 家族或部落用來做為標誌的圖案，通常是動物或鳥類的形狀。

實驗考古學： 利用古人使用的工具、材料和技術，重現古代建築或工藝的學問，可藉此了解古人的生活方式。

儀式： 按照一定的規則進行的活動。

獠牙： 動物的長牙，例如大象、海象或野豬等動物都長有獠牙。

赭石： 一種礦石，磨成粉之後跟水或油脂混合，可當成顏料或染料。

擲矛器： 讓矛能丟得更遠的工具。

爐床： 洞穴或藏身處裡用來升火的地方。

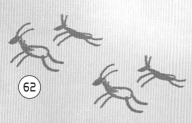

索引

24 小時大發現：回到石器時代

作者／藍・庫克（Lan Cook）
繪者／洛朗・克林（Laurent Kling）
譯者／江坤山
出版六部總編輯／陳雅茜
美術主編／趙璦
資深編輯／盧心潔
發行人／王榮文
出版發行／遠流出版事業股份有限公司
地址／臺北市中山北路一段 11 號 13 樓
郵撥／0189456-1
電話／02-2571-0297　傳真／02-2571-0197
遠流博識網／www.ylib.com　電子信箱／ylib@ylib.com
ISBN 978-957-32-9220-3
2022 年 1 月 1 日初版
版權所有・翻印必究
定價・新臺幣 380 元

國家圖書館出版品預行編目（CIP）資料
24 小時大發現：回到石器時代／藍・庫克（Lan Cook）作；
洛朗・克林（Laurent Kling）繪；江坤山譯 . -- 初版 . -- 臺
北市：遠流出版事業股份有限公司 , 2022.01　面；　公分
譯自：24 hours in the stone age
ISBN 978-957-32-9220-3（精裝）
1. 石器時代 2. 社會生活 3. 漫畫　799.3　11001124